L'autobus magique

PRÉSENTE

les créatures marines

Texte français de Josée Leduc

Éditions
SCHOLASTIC

Page précédente : Un grand requin blanc.

Références photographiques :

Photos © 2014 : Alamy Images : 12 en médaillon (Beverly Factor), 21 à gauche (Johnny Johnson), 30 (Kip Evans), 29 en haut, à gauche (Norbert Probst), 28 en haut, à gauche (Reinhard Dirscherl), 8 en bas, à droite (Stephen Frink), 17 au centre (WaterFrame); Getty Images : 22 en bas, à droite, 25 à droite (David Fleetham), 9 (Franco Banfi), 3 (Mark Carwardine), 25 à gauche (Reinhard Dirscherl); iStockphoto : page de couverture Ange de mer (DJMattaar), page de couverture en arrière-plan (stephankhofs); Nature Picture Library : 21 à droite, 23, 24 (Alex Mustard), 1 (Constantinos Petrinos), 12 en arrière-plan, 13 (David Fleetham), 6 en haut, 27 en bas, à gauche (David Shale), 6 en médaillon, en bas (Doc White), 11 en haut, 11 en bas, à gauche, 22 en haut (Doug Perrine), 18 à gauche (Georgette Douwma), 29 en haut, à droite (Ingo Arndt), 4 en médaillon, 14 à gauche, 28 en bas, à gauche (Jurgen Freund), 16 (Lundgren), 22 en bas, à gauche (Nuno Sa), 29 en bas, à gauche (Todd Mintz), 3 en bas et 20 (Troels Jacobsen/Arcticphoto), 6 en arrière-plan, 7 (Wild Wonders of Europe/Lundgren); NOAA : 26 à gauche, 27 en bas, à droite, 27 au centre (Dr. Bob Embley, NOAA PMEL, Chief Scientist), 26 à droite (Okeanos Explorer Program, Galapagos Rift Expedition 2011); Science Photo Library : 17 à droite (Alexander Semenov), 8 en haut (Louise Murray), 15 (Peter Scoones), 27 en haut (Phillipe Crassous), 28 en bas, à droite (Scubazoo); Science Source : 31 à gauche (Alexis Rosenfeld), 31 à droite (F.S. Westmoreland), 18 en médaillon, à droite (Frans Lanting); Shutterstock, Inc. : page de couverture, tortue (dive-hive), 18 en arrière-plan , 19 (Ethan Daniels), 29 en bas, à droite (Greg Amptman), 28 en haut, à droite (Krzysztof Odziomek), 10 (Mogens Trolle), 17 à gauche (Nicolas Aznavour), 3 en bas et 8 en bas, à gauche (Studio 37), 4 en arrière-plan, 5 (Susan McKenzie); Superstock, Inc./NaturePL : 3 au centre et 14 à droite.

Catalogage avant publication de Bibliothèque et Archives Canada

Jackson, Tom, 1972-
[Sea creatures. Français]

L'autobus magique présente les créatures marines / Tom Jackson;
illustrations de Carolyn Bracken ; texte français de Josée Leduc.

(L'autobus magique présente)
Traduction de : Sea creatures.
ISBN 978-1-4431-4518-3 (relié)

1. Faune marine—Ouvrages pour la jeunesse.
2. Écosystèmes marins—Ouvrages pour la jeunesse. I. Bracken, Carolyn, illustrateur
II. Titre. III. Titre : Sea creatures. Français.

QL122.2.J3314 2015   j591.77   C2015-900148-X

Produit par Potomac Global Media, LLC
Texte original de Tom Jackson
Illustrations de Carolyn Bracken
Texte français de Josée Leduc
Consultante : Frances Dipper, docteure en biologie de la vie aquatique, auteure et chargée de cours.

Édition publiée par les Éditions Scholastic, 604, rue King Ouest, Toronto (Ontario) M5V 1E1

5 4 3 2 1   Imprimé au Canada 114   15 16 17 18 19

Conception graphique de la couverture : Paul Banks
Conception graphique des pages intérieures : Carol Farrar Norton

Table des matières

p. 8

p. 14

p. 20

À la plage

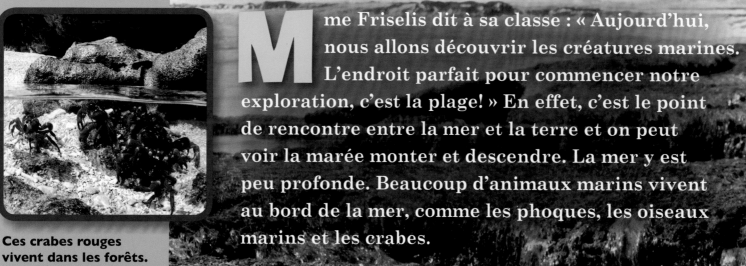

Mme Friselis dit à sa classe : « Aujourd'hui, nous allons découvrir les créatures marines. L'endroit parfait pour commencer notre exploration, c'est la plage! » En effet, c'est le point de rencontre entre la mer et la terre et on peut voir la marée monter et descendre. La mer y est peu profonde. Beaucoup d'animaux marins vivent au bord de la mer, comme les phoques, les oiseaux marins et les crabes.

Ces crabes rouges vivent dans les forêts. Mais ils retournent à la plage chaque année pour pondre leurs œufs dans l'eau.

VIVE LA MER!

La marée monte et descend deux fois par jour le long de la plupart des rivages.

Le varech
Le varech est plus épais près des rivages. Il pousse en eau peu profonde, là où il y a beaucoup de soleil.

Ça fait beaucoup d'eau!

Les océans du monde
par Carlos

Les océans couvrent près des trois quarts de la Terre. Toute cette eau salée forme un océan géant, mais nous lui avons donné différents noms. Les cinq parties principales sont l'Atlantique, l'Arctique, l'Indien, le Pacifique, et l'Antarctique. Le plus grand est l'océan Pacifique. Il est situé à l'ouest de l'Amérique. La superficie de l'océan Pacifique est de 165,25 millions de kilomètres carrés. Cet océan est plus grand que tous les continents réunis.

Les phoques
Les phoques sont de bons nageurs. Ils vont sur le rivage pour se reposer et donner naissance à leurs petits.

Info-Friselis
La longueur des littoraux de toute la Terre correspond à la distance de la Terre à la Lune, soit 350 000 km.

En eau libre

Des filaments venimeux

Les filaments venimeux des galères portugaises traînent sur 9 mètres derrière elles.

Loin des côtes, l'océan fourmille de plancton. On appelle plancton l'ensemble des plantes et de tous les animaux qui ne peuvent pas nager contre le courant. Ces créatures se laissent flotter dans l'eau. Le plancton comprend des algues, des crustacés et des méduses comme la galère portugaise (physalie). Le plancton n'est généralement pas visible à l'œil nu.

Ce crustacé (un amphipode) est un animal planctonique. En général, les amphipodes sont plus petits que l'ongle de ton pouce.

Un piège mortel

Les poissons restent pris dans les filaments et sont paralysés par le venin avant d'être ramenés vers le corps de la galère portugaise, puis mangés.

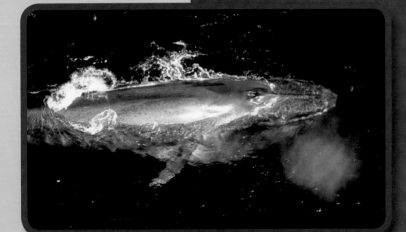

La baleine bleue est le plus grand animal au monde; elle fait trois fois la taille d'un autobus.

Allons au fond des choses!

La profondeur de l'eau

par Catherine

Le fond de l'océan n'est pas plat. Comme sur la terre ferme, il y a des canyons et des montagnes. Près des côtes, le fond de l'océan est à moins de 100 mètres de profondeur, mais loin des côtes, il peut atteindre 5 km de profondeur! L'endroit le plus profond du monde, Challenger Deep, se trouve dans l'océan Pacifique. Cette fosse océanique atteint 10,9 km de profondeur. Si tu mettais le mont Everest à l'envers dans l'océan, Challenger Deep serait encore plus profonde que la montagne.

Et vogue la galère!

La galère portugaise est une sorte de méduse particulière. Elle est munie d'un flotteur qui se remplit d'air et lui sert de voile; elle vogue ainsi en surface au gré du vent.

Info-Friselis

Le krill est composé de petits crustacés qui mangent du plancton. Le krill, lui, est mangé par de grosses créatures marines. Une baleine bleue adulte ingurgite jusqu'à 40 millions de ces crustacés en une seule journée!

Les poissons

Il existe des milliers de types de poissons dans l'océan. Ils ont tous un squelette et un crâne comme les humains, mais ils n'ont ni bras ni jambes, seulement des nageoires. Les poissons ont souvent une forme fuselée et une peau lisse, pour fendre l'eau et nager avec aisance.

Certains thons peuvent peser jusqu'à 350 kg. C'est autant qu'une moto!

L'hippocampe ou cheval de mer aspire de minuscules créatures marines avec son museau en forme de tube.

Info-Friselis

Le papa hippocampe est très spécial. Il prend les œufs de la maman, les met dans sa poche et donne naissance aux bébés plus tard.

Ces créatures filiformes sont des murènes ruban bleues. Elles vivent enroulées sous les roches et ne sortent la tête de leur cachette que pour happer un ou deux petits poissons à l'occasion.

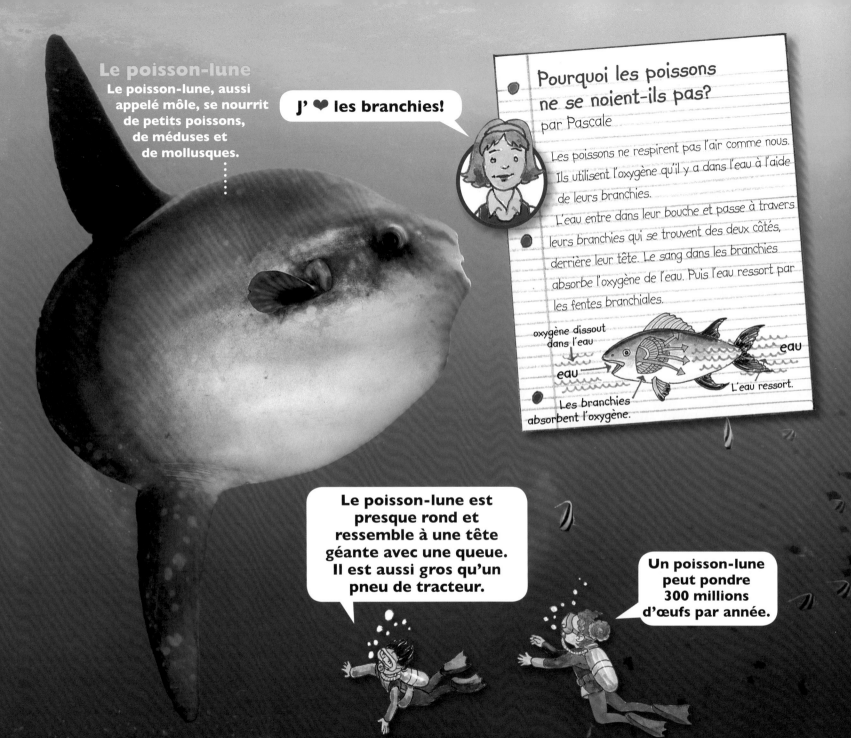

Le poisson-lune
Le poisson-lune, aussi appelé môle, se nourrit de petits poissons, de méduses et de mollusques.

J' ❤ les branchies!

Pourquoi les poissons ne se noient-ils pas?
par Pascale

Les poissons ne respirent pas l'air comme nous. Ils utilisent l'oxygène qu'il y a dans l'eau à l'aide de leurs branchies.

L'eau entre dans leur bouche et passe à travers leurs branchies qui se trouvent des deux côtés, derrière leur tête. Le sang dans les branchies absorbe l'oxygène de l'eau. Puis l'eau ressort par les fentes branchiales.

oxygène dissout dans l'eau

eau

eau

L'eau ressort.

Les branchies absorbent l'oxygène.

Le poisson-lune est presque rond et ressemble à une tête géante avec une queue. Il est aussi gros qu'un pneu de tracteur.

Un poisson-lune peut pondre 300 millions d'œufs par année.

Les requins!

Le grand requin blanc est le plus gros chasseur marin. Il attaque les phoques qui nagent à la surface de l'océan.

Beaucoup de requins, dont le requin-marteau et le grand requin blanc, sont de puissants chasseurs aux dents acérées. Ils ont de super sens qui les aident à repérer leurs proies. Les requins nagent en remuant leur grande queue d'un côté à l'autre, et leurs épaisses nageoires leur permettent d'avancer en ligne droite.

La tête du requin-marteau lui sert d'antenne parabolique. Elle aide le requin à repérer des proies.

Les super sens du requin

Dents pointues en vue!

Les détecteurs de champ électrique

Des détecteurs sur le museau du requin perçoivent le champ électrique provenant d'autres animaux, même ceux enterrés dans le sable.

L'odorat et le goût

Le requin sent avec les narines situées sur son museau. Il peut détecter une seule goutte de sang parmi des millions de gouttes d'eau.

L'ouïe

Une minuscule oreille située derrière chaque œil peut capter des sons d'éclaboussures jusqu'à 1,6 km de distance.

Les détecteurs de mouvement

Des détecteurs de mouvement se trouvent sur les flancs du requin. Ils lui permettent de percevoir les vagues provoquées par les mouvements des poissons aux alentours, ce qui s'avère très utile dans l'obscurité.

Pourquoi les dents des requins sont-elles si acérées?
par Raphaël

Les dents du grand requin blanc sont pointues comme le bout d'une flèche. Elles découpent tout ce que le requin croque. Les dents sur le côté sont dentelées, comme celles d'une scie. Ce sont d'excellents outils pour trancher. Les dents du requin tombent très facilement, mais d'autres poussent pour les remplacer. Un grand requin blanc peut avoir jusqu'à 3 000 dents au cours de sa vie!

Les dents du grand requin blanc mesurent entre 3 et 5 cm.

Le récif de corail

Les coraux ressemblent à des plantes et à des roches colorées de formes étranges. En réalité, ils sont composés de minuscules animaux. Beaucoup d'autres créatures marines habitent dans les récifs de corail : des tortues, des étoiles de mer, des requins et même des serpents.

Un quart de toutes les créatures marines, comme cette étoile de mer, vivent sur ou autour des récifs de corail.

La Grande Barrière de corail en Australie s'étend sur 2 575 km de longueur. C'est à peu près la distance entre Montréal et St. John's.

La tortue verte
La tortue verte est à la recherche de varech à dévorer.

Le poisson-papillon

Ce poisson est aussi coloré qu'un papillon. Pour se nourrir, il picore les coraux avec son museau pointu.

La ville des polypes!

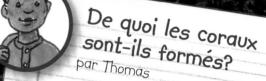

De quoi les coraux sont-ils formés?

par Thomas

Un fragment de corail est fait de milliers de créatures individuelles appelées des polypes. Un polype, c'est comme une minuscule méduse tournée à l'envers et munie d'une coquille dure, mais très mince. Quand les polypes meurent, leurs coquilles vides restent et de nouveaux polypes poussent dessus. Très lentement, après des centaines d'années, les couches de coquilles s'accumulent et deviennent des morceaux rocheux formés de millions de squelettes de polypes. Seule la surface est vivante, mais n'y touche pas! Les polypes morts sont aussi durs que de la roche; par contre, les polypes vivants sont très fragiles.

Les bancs de poissons

Les plus petits poissons nagent en banc, car c'est plus sécuritaire.

Les reptiles sous-marins

es reptiles sont des animaux à écailles. Les serpents, les tortues, les crocodiles et les lézards en font partie. Bien que la plupart des reptiles vivent sur la terre ferme, les plus grands vivent dans la mer. Ils ont tous des poumons, donc ceux qui vivent dans l'eau doivent remonter à la surface de temps à autre pour respirer.

La queue d'un serpent de mer est plate comme une pagaie. Elle lui permet de nager sous l'eau.

Quand elle est jeune, la tortue verte se nourrit de crabes et de méduses. Une fois adulte, elle ne mange que des algues et des herbes marines.

Info-Friselis

La plupart des reptiles de mer retournent sur la terre ferme pour pondre leurs œufs, car la coquille de leurs œufs n'est pas imperméable.

Une tortue peut retenir son souffle pendant 20 minutes quand elle nage sous l'eau.

Et ça descend!

Comment la tortue luth fait-elle pour manger des méduses?
par Hélène-Marie

La tortue luth se nourrit de méduses. Mais les méduses sont très glissantes, alors pour éviter qu'elles ne glissent hors de sa bouche, cette tortue est équipée d'une trappe spéciale. En effet, sa gorge est couverte de grosses épines à crochet qui agrippent la méduse et l'obligent à descendre dans son estomac.

L'iguane marin se réchauffe en prenant un bain de soleil sur les roches avant de plonger dans l'eau froide de la mer pour aller manger du varech.

Le seul lézard qui aime la mer est l'iguane marin. Il ne vit que sur quelques îles du Pacifique.

Allô, cousin!

Les mollusques et les crustacés

Marcher en crabe

Tout comme ce crabe dormeur, beaucoup de crabes se déplacent de côté pour se rendre d'un endroit à un autre, d'où l'expression marcher en crabe.

Regarde, je suis un bernard-l'ermite! Ce crabe n'a pas de coquille, alors il emménage dans une coquille vide qu'il trouve au fond de l'océan.

Celle-ci me va comme un gant!

Beaucoup de créatures marines ont une carapace pour protéger leur corps mou. Les crabes, les homards et d'autres créatures dotées de pattes s'appellent des crustacés. Celles qui n'ont pas de pattes, comme les limaces de mer, les palourdes, les moules et les pétoncles, s'appellent des mollusques. Tu trouveras leurs coquilles vides sur la plage. Elles y ont été déposées par la mer.

Une perle rare!

La formation des perles
par Raphaël

Des perles brillantes et lisses se forment à l'intérieur de mollusques comme les huîtres. L'intérieur de leurs coquilles est couvert d'une substance bleu vert chatoyante qu'on appelle de la nacre. Tout grain de sable emprisonné dans la coquille en est recouvert aussi. Après beaucoup d'années et beaucoup de couches, il devient une jolie perle. La plus grosse perle jamais trouvée mesurait 23 cm de diamètre et venait des Philippines. Elle a été vendue 40 millions de dollars, soit le prix d'un avion à réaction.

La squille-mante possède les yeux les plus perçants de la mer. Chaque œil comprend 10 000 pupilles qui perçoivent la chaleur et d'autres rayons que les humains ne voient pas.

Le homard a dix pattes. Les deux premières ont deux grosses pinces. Elles servent à se défendre contre les prédateurs et à ouvrir les crustacés.

Beaucoup de mollusques, comme ces moules, sont des organismes filtreurs. Ils récoltent le plancton de la mer et le mangent.

Dans la forêt de varech

La forêt de varech est aussi un habitat qui grouille de vie. Le varech est composé de plantes qui peuvent devenir aussi hautes qu'un édifice de 12 étages. Les petits sacs de gaz situés sur leurs tiges font flotter ces plantes vers le haut. Les loutres de mer et les mollusques qui se déplacent lentement comme les oursins et les étoiles de mer vivent dans les forêts de varech.

Ces animaux à piquants s'appellent des oursins. Ils se nourrissent en grignotant la base des épaisses tiges de varech.

La loutre de mer se nourrit d'oursins et de mollusques qui vivent au fond de l'océan, sous le varech.

Info-Friselis

On utilise des substances chimiques contenues dans le varech pour fabriquer des médicaments qui soulagent les maux d'estomac.

La plante qui pousse le plus vite au monde est l'algue géante ou le varech porte-poire. Elle peut pousser de 60 cm en une journée!

Les étoiles de mer

On trouve des étoiles de mer dans plusieurs habitats marins. La bouche de l'étoile de mer est sous son corps.

Je craque pour les loutres de mer!

Comment la loutre de mer ouvre-t-elle les coquillages?
par Jérôme

Une loutre de mer ramasse des coquillages dans le fond de la mer. Ensuite, elle revient à la surface, flotte sur le dos et les dépose sur son ventre. Puis, à l'aide d'une roche qu'elle a gardée sous une aisselle, elle les frappe jusqu'à ce qu'ils craquent et s'ouvrent. Elle peut alors manger la chair du mollusque à l'intérieur.

Les morses et les phoques

Le petit lard est une épaisse couche de gras sous la peau des phoques et des morses qui les aide à flotter.

Un cousin aux longues dents

Le morse, qui vit au pôle Nord, est de la même famille que le phoque. Il utilise ses défenses pour sortir de l'eau et se hisser sur les glaces flottantes.

Info-Friselis

Le morse a 15 cm d'épaisseur de petit lard pour conserver la chaleur dans l'eau glaciale.

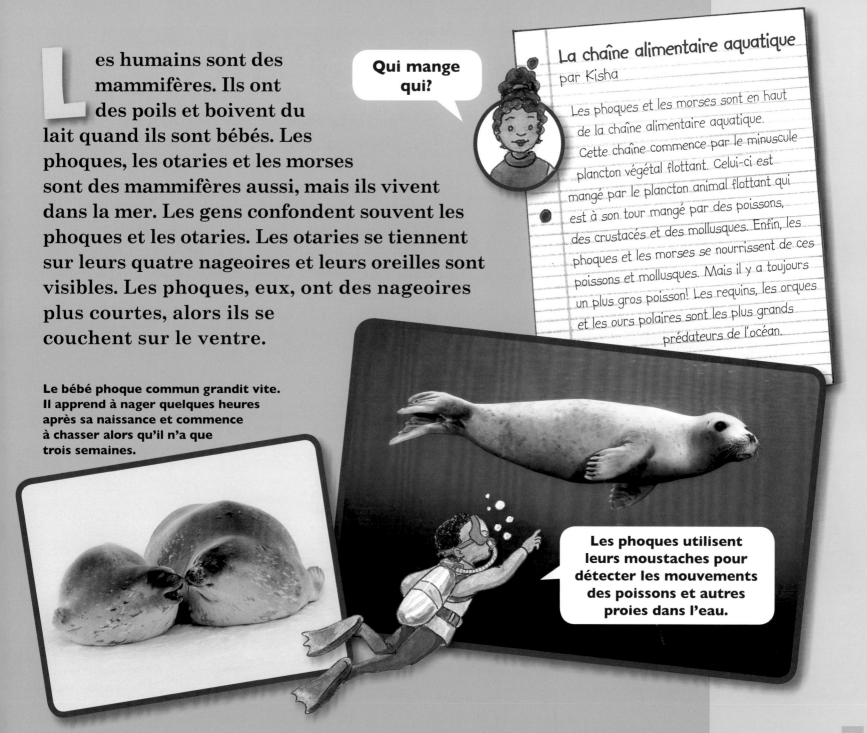

Les humains sont des mammifères. Ils ont des poils et boivent du lait quand ils sont bébés. Les phoques, les otaries et les morses sont des mammifères aussi, mais ils vivent dans la mer. Les gens confondent souvent les phoques et les otaries. Les otaries se tiennent sur leurs quatre nageoires et leurs oreilles sont visibles. Les phoques, eux, ont des nageoires plus courtes, alors ils se couchent sur le ventre.

Le bébé phoque commun grandit vite. Il apprend à nager quelques heures après sa naissance et commence à chasser alors qu'il n'a que trois semaines.

Qui mange qui?

La chaîne alimentaire aquatique
par Kisha

Les phoques et les morses sont en haut de la chaîne alimentaire aquatique. Cette chaîne commence par le minuscule plancton végétal flottant. Celui-ci est mangé par le plancton animal flottant qui est à son tour mangé par des poissons, des crustacés et des mollusques. Enfin, les phoques et les morses se nourrissent de ces poissons et mollusques. Mais il y a toujours un plus gros poisson! Les requins, les orques et les ours polaires sont les plus grands prédateurs de l'océan.

Les phoques utilisent leurs moustaches pour détecter les mouvements des poissons et autres proies dans l'eau.

Les dauphins et les baleines

Les orques sont de gros dauphins. Ils utilisent leurs mâchoires super puissantes pour écraser leurs proies.

Les baleines et les dauphins ressemblent beaucoup à des poissons. Ils ont des nageoires et une queue, mais ce sont des mammifères. Ils respirent l'air, mais contrairement aux phoques, ils ne vont jamais sur la terre ferme. Dans l'eau, une peau lisse est préférable à des poils, alors ces mammifères n'ont que quelques poils à leur naissance.

La survie des baleines

L'évent

Les baleines et les dauphins doivent aller à la surface pour respirer. Ils ont une ou deux grosses narines situées sur leur tête à cet effet.

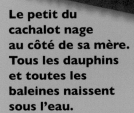

Le petit du cachalot nage au côté de sa mère. Tous les dauphins et toutes les baleines naissent sous l'eau.

Une passoire

La plupart des baleines filtrent leur nourriture. Elles n'ont pas de dents, mais des fanons qui ressemblent aux dents d'un peigne et servent de passoire.

Le jet d'eau

Lorsque les baleines expirent, un jet de gouttelettes d'eau jaillit dans les airs.

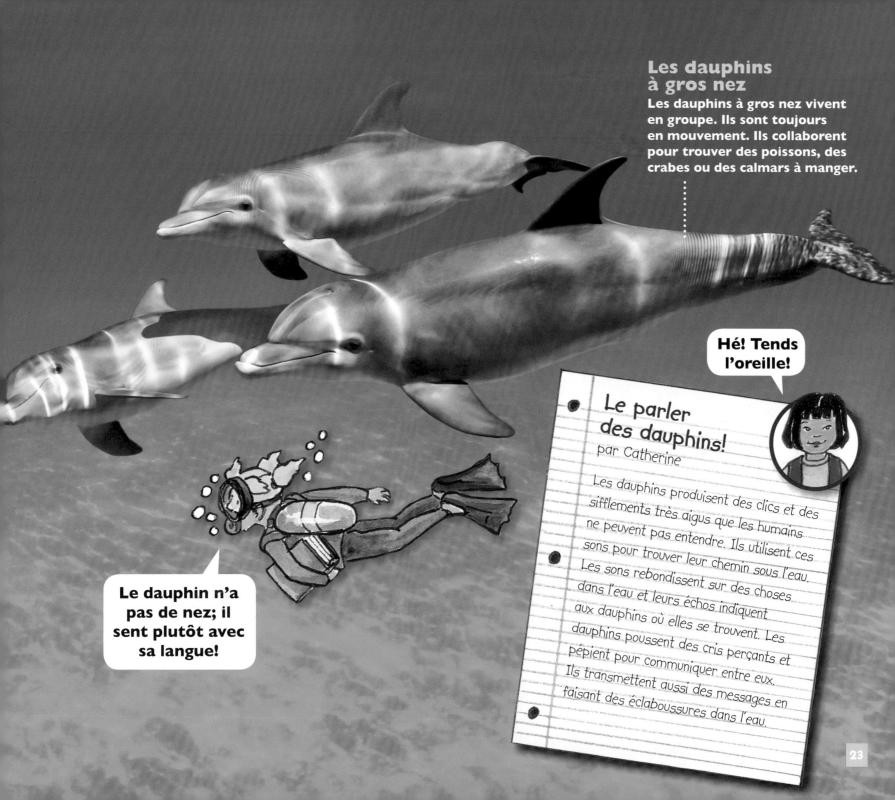

Les dauphins à gros nez

Les dauphins à gros nez vivent en groupe. Ils sont toujours en mouvement. Ils collaborent pour trouver des poissons, des crabes ou des calmars à manger.

Hé! Tends l'oreille!

Le dauphin n'a pas de nez; il sent plutôt avec sa langue!

Le parler des dauphins!
par Catherine

Les dauphins produisent des clics et des sifflements très aigus que les humains ne peuvent pas entendre. Ils utilisent ces sons pour trouver leur chemin sous l'eau. Les sons rebondissent sur des choses dans l'eau et leurs échos indiquent aux dauphins où elles se trouvent. Les dauphins poussent des cris perçants et pépient pour communiquer entre eux. Ils transmettent aussi des messages en faisant des éclaboussures dans l'eau.

Les pieuvres et les méduses

Très jolie et mortelle
La pieuvre australienne a la taille d'une balle de golf, mais sa morsure est très venimeuse. Les cercles bleus sur son corps indiquent qu'il faut garder ses distances.

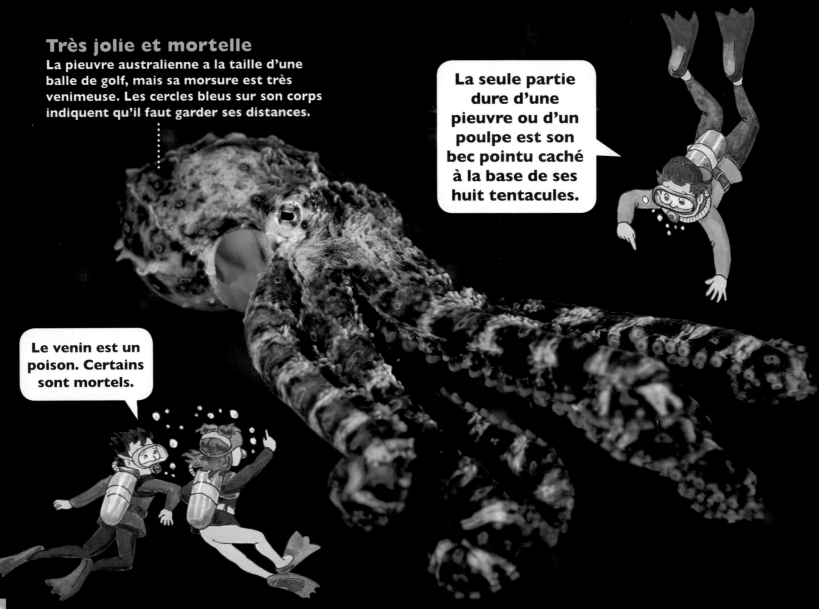

La seule partie dure d'une pieuvre ou d'un poulpe est son bec pointu caché à la base de ses huit tentacules.

Le venin est un poison. Certains sont mortels.

Les créatures les plus simples et les plus intelligentes de l'océan ont des tentacules. La méduse est un animal très simple. Elle prend sa proie avec ses tentacules et l'amène à son corps en forme de sac. Les calmars et les poulpes ont des tentacules aussi. Ce sont de bons chasseurs dotés de gros cerveaux et d'yeux perçants pour repérer leurs proies et... leurs congénères.

Certaines méduses font briller et clignoter leur corps dans le noir. Les prédateurs se méfient et s'enfuient.

Ça crève les yeux!

Des tubes et des tentacules

La propulsion par réaction

Le calmar a un système de propulsion par réaction. Il projette de l'eau par un tube flexible pour se propulser dans la direction désirée.

De méchants tentacules

Les tentacules du calmar sont munis de ventouses qui lui servent à capturer ses proies et à les porter à sa bouche.

À quel point un calmar géant est-il géant?
par Thomas

En moyenne, le calmar géant mesure 10 mètres, tentacules compris. Il est donc environ dix fois plus grand que moi. Certains peuvent faire jusqu'à 20 mètres! Les yeux de calmar géant font 25 cm de diamètre. C'est la taille d'une pizza. Très peu de lumière parvient au fond de l'océan où le calmar géant vit. Ses gros yeux l'aident à repérer ses proies.

Les cheminées de la Terre

Finalement, l'autobus arrive au fond de la mer, là où vivent les créatures les plus résistantes. Nous découvrons une cheminée hydrothermale. C'est de l'eau super chaude qui sort de la Terre. Mme Friselis dit : « L'eau est remplie de substances chimiques volcaniques que seules des bactéries peuvent manger. Vite! Partons avant que la pression de l'eau n'écrase notre autobus! »

> Il fait trop noir pour voir quoi que ce soit ici. Allumons les phares!

Une cheminée hydrothermale s'appelle aussi un fumeur parce que l'eau devient trouble quand elle se mélange au reste de l'océan.

Les vers tubicoles

Des bactéries prolifèrent à l'intérieur de ces vers géants. Elles les approvisionnent constamment en nutriments.

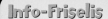

Info-Friselis

Des scientifiques croient que les premières formes de vie sont apparues dans les cheminées hydrothermales.

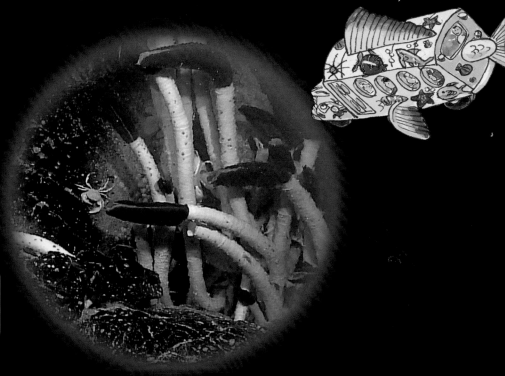

Une créature bizarre
Vu de près, un ver parchemin ressemble à un extraterrestre!

Un chauffe-eau naturel!

Le fonctionnement d'une cheminée hydrothermale
par Carlos

Une cheminée hydrothermale fonctionne un peu comme un ressort. L'eau de mer s'infiltre à travers les fissures du fond marin et s'accumule plusieurs centaines de mètres en dessous. Les roches sont extrêmement chaudes à cet endroit, mais le poids de l'eau empêche de bouillir l'eau qui s'est infiltrée. Elle remonte alors vers le fond de l'océan et jaillit sous la forme d'un fumeur.

Les moules
Ces moules filtrent les bactéries de l'eau chaude près des cheminées hydrothermales.

Un homard fantomatique
Ce homard très pâle coupe des bouts de vers tubicoles pour se nourrir. Il est capable de vivre dans l'eau chaude et empoisonnée.

Un pince-sans-rire
Ce crabe épineux se précipite sur toutes les proies qu'il trouve et les attrape d'un coup de pince. Son armure d'épines le protège contre les prédateurs.

27

Nos créatures marines préférées

Le voilier

C'est un des poissons les plus rapides de la mer. Il peut foncer à 105 km/h! Il prend ses proies par surprise grâce à sa vitesse. Il les pique avec son long nez pointu! Ce poisson dresse sa nageoire dorsale, qui ressemble à une voile, quand il veut paraître plus gros et faire peur à ses prédateurs.

Le requin-baleine

Le requin-baleine est le plus gros poisson de la mer. Il mesure 12 mètres de long et sa bouche fait 1,5 mètre de large. Bien que cet animal soit un requin, il n'attaque pas ses proies. Il se déplace la bouche grande ouverte et filtre le plancton.

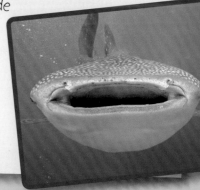

Le limule

Cette créature, qui ressemble à un crabe, est un insecte sous-marin préhistorique! Le limule a dix pattes et se promène au fond de l'océan pour attraper des vers. Si on le retourne sur le dos, il se remet d'aplomb à l'aide de sa queue piquante. Le plus étrange chez cette créature, c'est que son sang est bleu.

La tortue luth

Il s'agit de la plus grande tortue de mer. Sa carapace n'est pas dure, mais plutôt recouverte d'une peau épaisse et coriace, rappelant le cuir. Une tortue luth adulte mesure environ 2 mètres de long et 2,7 mètres d'envergure. La tortue luth vit partout dans l'océan sauf dans les régions les plus froides.

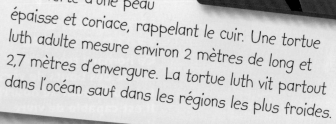

Le bénitier géant

Cet énorme mollusque bivalve est doté de la plus grosse coquille au monde. Elle mesure plus de 1,2 mètre de largeur.

Le bénitier géant peut vivre plus de 100 ans. Des algues microscopiques poussent à l'intérieur de son corps aux couleurs vives. Elles fabriquent du sucre dont le mollusque se nourrit.

**Bravo, les élèves!
Prêts pour une autre aventure?**

Le lion de mer

Les lions de mer (et les phoques) qui naissent dans l'Arctique ont une fourrure blanche, ce qui est pratique pour se cacher dans la neige afin d'échapper aux ours polaires. Les lions de mer, aussi appelés otaries à fourrure, ont le poil hirsute. Regarde celui-ci de près et tu verras ses petites oreilles. Celles des phoques ne sont pas visibles.

Le narval

Le narval est l'animal qui ressemble le plus à une licorne. Cette baleine étrange vit dans l'Arctique. Une longue défense torsadée pousse sur sa tête.

Il y a des centaines d'années, on chassait les narvals et on vendait leurs défenses en les faisant passer pour des cornes magiques de licornes.

Le lamantin

Ce mammifère marin a une drôle d'allure. Il a quelques traits en commun avec les dauphins et les phoques, mais en réalité, c'est un type de vache marine. Il vit le long des côtes et broute du varech. Le lamantin ne fait cependant pas partie de la famille des vaches. En fait, c'est un cousin de l'éléphant.

À la rescousse de l'océan

Certains de nos déchets finissent dans l'océan, ce qui cause des problèmes aux créatures qui y vivent. En effet, ces déchets contiennent des substances chimiques. Des animaux prennent ces déchets pour de la nourriture et s'empoisonnent. Les scientifiques disent que si on découpait l'océan en parties de la taille d'un terrain de football, il y aurait environ 3 000 morceaux de plastique dans chaque partie. L'océan est aussi grand que 72 milliards de terrains de football. Imagine la quantité énorme de plastique qui s'y trouve!

Des sanctuaires marins

Les États-Unis comptent 14 sanctuaires marins et le Canada a 7 zones de protection marines. Ce sont des endroits où les fonds marins et l'eau au-dessus sont protégés par la loi. Ces sanctuaires comprennent notamment le récif de corail des Keys en Floride (photo ci-contre), la forêt de varech de Monterey Bay en Californie et la zone du mont sous-marin Bowie dans le Pacifique, au large de la Colombie-Britannique, qui est un ensemble de trois volcans sous-marins. Beaucoup de gens travaillent à protéger l'océan, mais qui sont-ils?

Les biologistes de la vie aquatique sont des scientifiques qui étudient la vie des créatures marines. Ils nous aident à savoir comment les protéger. Certains biologistes travaillent sur des navires loin des côtes. D'autres sont basés dans les zones de protection marines ou les sanctuaires marins.

Les océanographes

sont des scientifiques aussi. Ils étudient les océans et les mers. Ils prennent en note la température des eaux autour du monde et leur salinité. Ils préparent aussi des cartes indiquant les courants marins qui sillonnent les océans. Ces cartes sont utiles pour la navigation maritime et pour savoir dans quelle direction se dirigent les déchets sur la mer. Certains océanographes étudient les fonds marins grâce à des submersibles à la fine pointe de la technologie (voir la photo du petit sous-marin ci-dessus) leur permettant de descendre dans les profondeurs de la mer.

Les pêcheurs

La plupart des gens qui travaillent en mer sont des pêcheurs. Ces derniers ont un rôle important à jouer pour protéger les créatures marines. Ceux qui sont responsables pêchent avec des filets conçus pour attraper les poissons les plus grands et les plus vieux et pour laisser passer à travers les mailles les plus petits et les plus jeunes qui pourront se reproduire. Ainsi il y aura toujours des poissons à pêcher.

Des mots à connaître

bactérie : être vivant minuscule composé d'une seule cellule et qui existe partout. Les bactéries peuvent être utiles ou nuisibles.

courant : mouvement de l'eau qui se déplace dans une direction.

crustacé : type de créature marine dotée d'un squelette externe et de membres pour nager ou ramper. Les crustacés comprennent les crabes, les homards et les crevettes.

détecteur : partie d'un animal qui détecte et mesure les changements dans l'environnement et envoie cette information au cerveau.

mammifère : animal à sang chaud qui a souvent des poils ou de la fourrure et qui donne habituellement naissance à des bébés formés. La femelle produit du lait pour ses petits.

mollusque : animal marin à corps mou, sans colonne vertébrale et doté d'une coquille dure.

nutriment : substance comme une protéine, un minéral ou une vitamine, dont les animaux ou les plantes ont besoin pour rester en santé.

petit lard : couche de gras sous la peau de la baleine, du phoque et d'autres gros mammifères marins. Elle protège l'animal du froid.

plancton : animaux ou plantes minuscules qui dérivent ou flottent dans l'océan.

proie : animal chassé par un autre animal qui veut le manger.

reptile : animal à sang froid qui glisse ou rampe sur le sol ou se déplace sur de petites pattes. Les tortues de mer, les serpents de mer et les iguanes marins sont aussi capables de nager.

scientifique : personne qui a étudié une science et utilise son savoir dans son travail.

tentacule : long membre flexible de certains animaux, comme les pieuvres et les calmars. Les tentacules servent à se déplacer, à toucher et à saisir.